www.ingramcontent.com/pod-product-compliance
Lightning Source LLC
Chambersburg PA
CBHW060428290526
45791CB00002B/895
* 9 7 8 1 0 7 6 0 4 1 0 9 8 *